FACULTÉ DE DROIT D'AIX

THÈSE
POUR LA LICENCE

PRÉSENTÉE PAR

Guillaume-Adolphe-Marius GENSOLLEN,

Né à Toulon (Var).

Cette Thèse sera soutenue dans la grande salle des actes publics
le   186   à   heures du

« Fundamentum est justitiæ fides ; id est dictorum
conventorumque constantia et veritas. »
(CICÉRON, *De officiis*, liv. I, par. VII.)

TOULON
TYPOGRAPHIE J. LAURENT, RUE ROYALE, 49.

FACULTÉ DE DROIT D'AIX

THÈSE
POUR LA LICENCE

PRÉSENTÉE PAR

Guillaume - Adolphe - Marius GENSOLLEN,

Né à Toulon (Var).

Cette Thèse sera soutenue dans la grande salle des actes publics le   186   à   heures du

« Fundamentum est justitiæ fides ; id est dictorum
conventorumque constantia et veritas. »
(CICÉRON, *De officiis*, liv. 1, par. VII.)

TOULON
TYPOGRAPHIE J. LAURENT, RUE ROYALE, 49.

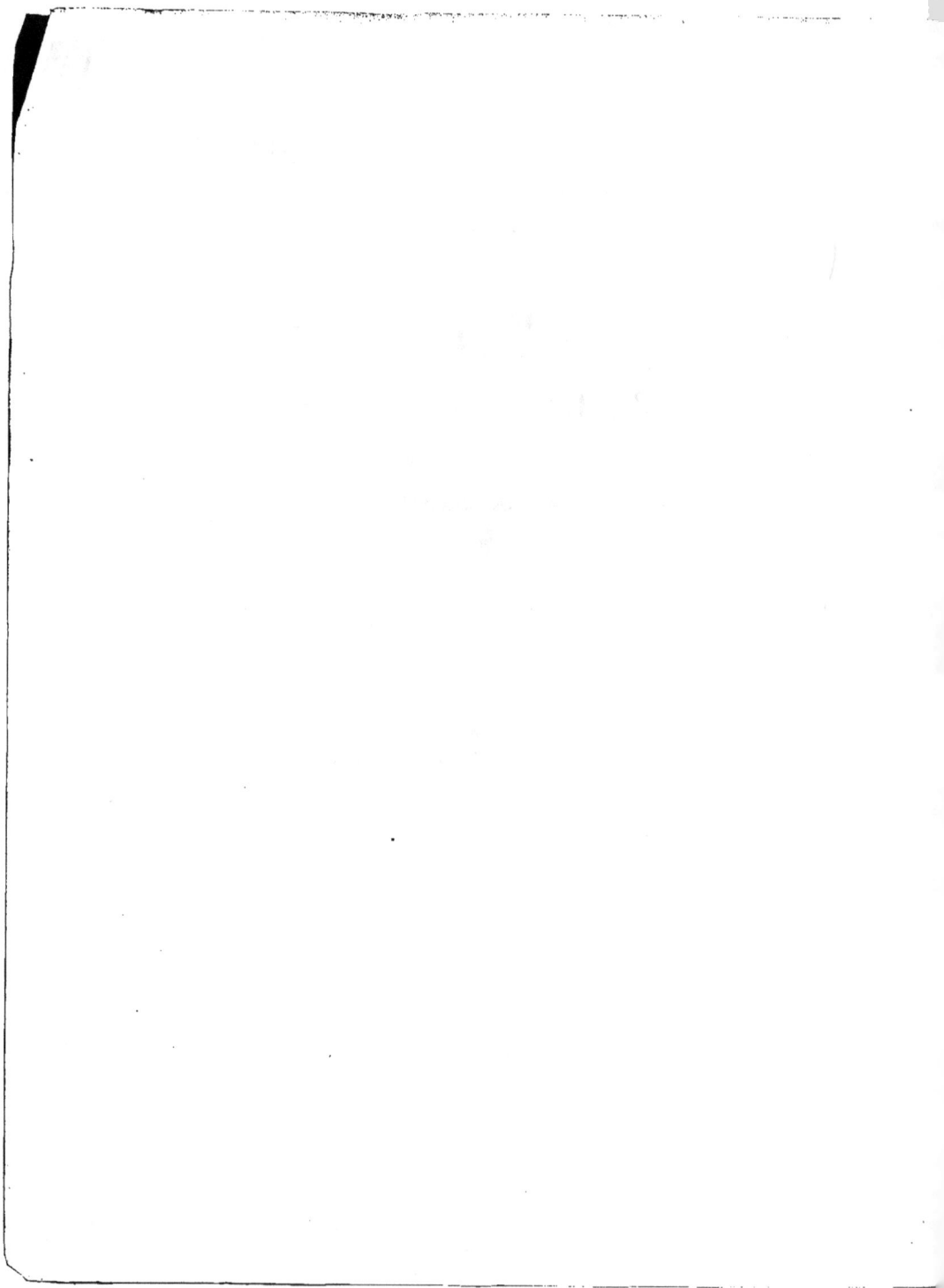

A LA MÉMOIRE SI CHÈRE ET SI VÉNÉRÉE

DE MON EXCELLENT PÈRE

A MA MÈRE SI TENDREMENT AIMEE

A MON FRÈRE

(AMOUR, DÉVOUEMENT)

A la mémoire de mes aïeuls & de mon aïeule

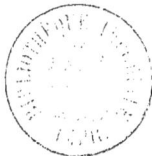

A MON AIEULE MATERNELLE

A MES PARENTS, A MES AMIS

(SOUVENIR)

M^us GENSOLLEN

SOMMAIRE

JUS ROMANUM

DE CONDICTIONE INDEBITI

(DIGESTE, liv. XII, tit. VI.)

Si quis per errorem non debitum solvit aliquid, illi datur condictio indebiti. Hæc condictio ex æquo et bono introducta, quod alterius apud alterum
sine causâ deprehenditur, revocare consuevit.

Etenim jure naturæ æquum est neminen cum alterius detrimento et
injuriâ fieri locupletiorem.

Tria concurrere oportet ut huic condictioni locus sit :

1º Ut indebitum fuerit quod solutum est ;

2º Ut nulla causa fuerit propter quam, quamvis indebitum, solveretur ;

3º Ut ab ignorante fuerit solutum.

Si quis, igitur, indebitum ignorans solvit, per hanc actionem condicere
potest : sed si sciens se non debere, solvit, cessat repetitio.

Dicendum est ergo primum quando competat de hac condictione indebiti,
deinde cui et adversus quem, quid tandem in eâ veniat.

Quando competat condictio indebiti soluti ?

Oportet, ut suprà diximus, indebitum fuisse quod solutum est. Quid ergo
debitum est, quid indebitum ? Debitum videtur, vel etiam id quod merè
naturali obligatione debetur. Hinc Pomponius : « Ex quibus causis retentionem

quidem habemus, petitionem autem non habemus ; ea, si solverimus, repetere non possumus. »

In operis ex obsequio et officio solutis exemplum fertur, nam quæ naturæ obligationibus solvuntur, verè debita putantur.

Item, quod pupillus sine tutoris auctoritate mutuum accepit et locupletior factus est, si pubes factus solvat, non repetit.

In quibus causis compensatio non admittitur, non ideo minus quis verè debet, quamvis ipsi ex aliâ causâ debeatur.

Hactenus de debito soluto, nunc videndum quid indebitum videatur.

Maxime indebitum solutum esse habetur, quum ex eâ causâ solvitur, quæ omnino non exstitit, sed putatur exstitisse. Item indebitum solvetur et condictioni locus erit si ex eâ causâ quæ jure non valuit vel effectum non habuit, aliquid solveris. Hinc : si quid ex testamento solutum sit, quod posteà falsum, vel inofficiosum, vel irritum, vel ruptum apparuerit, repetetur.

Indebitum quoque accipimus, non solum si omnino non debeatur, sed et si per aliquam exceptionem perpetuam, petit non poterat ; quarè hoc quoque repeti poterit ; nisi sciens se tutum exceptione, solvit. Non autem omnis exceptio perpetua rem indebitam facit ; sed ea demum quæ obligationem naturalem tollit, non ea quæ illam relinquit. Desinit debitor esse is, qui nactus est justam exceptionem, nec ab æquitate naturali abhorrentem. Hinc : judex si malè absolvit et absolutus suâ sponte solverit, repetere non potest. A fortiori ante condemnationem, quod reverà debetur repeti non poterit.

Contrà repetitio competit si quid nec stricto jure, nec naturâ debitum solutum fuerit ; quippe indebitum est quod ex eâ causâ solvitur ex quâ liberatio jam contigit.

Indebitum etiam videtur quod ex eâ causâ solveris quæ condictione suspenditur, indebitum denique quod plus quam quod debetur solvit aliquis, adeoque hoc plus repetere poterit.

Oportet deinde nullam fuisse causam propter quam solveretur ut competat indebiti condictio.

Quod, licet indebitè solutum est non repetetur, si fuit aliqua causa solvendi : scilicet, pietatis causâ. Hæc enim inhibet repetitionem. Hinc : quidquid dotis nomine dederis non repetes, si in eâ opinione fuisti te pro dote obligatum. Sublatâ enim falsâ opinione, relinquitur pietatis causa ex quâ solutum repeti non potes.

Duplex autem potissimùm causa est propter quam indebitè datum non repetitur : judicati et transactionis.

Si, per judicis injuriam, quis condemnatus fuit solvere, solutum non repetitur ; nam propter auctoritatem rei judicatœ, cessat repetitio.

Non sufficit autem ad inhibendam condictionem, quod quis falso existimaverit se esse condemnatum, quum nulla omnino intervenit condemnatio. Itaque, si quis, quasi ex compromisso, condemnatus falso solverit, repetere potest.

Altera causa ex quâ indebitum recte solvitur, causa est transactionis. Et quidem quod transactionis dabis nomine, licet res nulla media fuerit, non repetes ; nam, si lis fuerit, hoc ipsum quod a lite discederis, causa videtur esse. Hoc ita, si transactio vires habeat ; sin autem evidens calumnia detegitur et transactio imperfecta est, repetitioni locus erit. Transactionis causâ etiam datum videtur, quidquid a reo solvitur ex his causis quœ per inficiationem crescunt ; dedisse enim videtur ut pœnam quæ inficiatione nascitur, evitet.

Oportet tandem ab ignorante solutum fuisse indebitum.

Quippe, indebitum solutum sciens non rectè repetit. Hinc : si is qui perpetuâ exceptione tueri se poterat, quum sciret sibi exceptionem profuturam, aliquid promiserit ut liberaretur, condicere non potest. Et quidem quod quis sciens indebitum dedit hac mente ut posteà repeteret, repetere non potest.

Quis autem ignorans, quis sciens intelligitur ? Dicendum est eum non videri scientem indebitum solvere, qui scit se non obligari ; sed falsa opinione alicujus causæ obligationis naturalis, quæ non subest, solvit.

Cui competat actio ?

Non autem ipsi qui solvit alterius nomine, sed ei cujus nomine solutum est competit hæc condictio. Si tutor creditori pupilli sui indebitum solverit, pupillo competit repetitio.

Quod diximus quum quis alieno nomine solvit, non ipsi sed ei cujus nomine solvit condictionem competere ex subtilitate juris est ; benignè autem ei qui solvit utilis actio accommodatur ut rectâ viâ, qui nummos dedit, ipse repetat. Interdum tamen ei qui nec ipse solvit, nec cujus nomine solutum est, hœc condictio utilis competit. Nam Divus Hadrianus circà inofficiosum et falsum testamentum rescripsit, actionem dandam ei secundum quem de hereditate judicatum esset.

Idem est et si, solutis legatis, nova et inopinata causa hereditatem abstulit; veluti nato posthumo, quem heres in utero fuisse ignorabat; vel etiam ab hostibus reverso filio, quem pater obiisse falso prœsumpserat. Similiter quum minor, viginti quinque annis, inconsideratè adità hereditate , solutis legatis, in integrum restituitur, non ipsi repetitio competit, sed ei ad quem bona pertinent.

Adversus quem ?

His solis pecunia condicitur, quibus quoquo modo soluta est ; non quibus proficit. Alicui autem solvisse intelligor, non solum quum ipsi , sed et quum alteri ejus jussu solvo aut expromitto.

Inde, si citrà ullam transactionem, pecuniam indebitam alieno creditori promittere delegatus es, adversus eum qui te delegavit condictionem habere potes. Item, si procuratori indebitum solutum sit et dominus ratum non habeat, repeti potes.

Quid in eà veniat ?

Quod per errorem indebitum solvitur, aut ipsum aut tantumdem repetitur. Et quidem hoc duntaxat condicitur quod in accipientem translatum est. Ita, si usufructus in re solutâ alienus sit, deducto usufructu, a te condicam. Quum autem quis plus quam quod debet solvit : si quidem hoc quod debet et prœtereà aliud, patet istud aliud condici.

Observandum superest quod, ei qui repetit indebitum et fructus et partus restitui debent, deductâ impensâ. Qui bonâ fide indebitum accepit, quatenus locupletior factus est, hac condictione tenetur. Circà locum ubi restitutio ex hac condictione fieri debet, notandum quod qui loco certo debere existimans solvit indebitum, quolibet loco repetet ; non enim existimationem solventis eadem species repetitionis sequitur.

CODE NAPOLÉON

DES CONDITIONS ESSENTIELLES POUR LA VALIDITÉ DES CONVENTIONS

(Art. 1108 à 1133.)

Partant de ce principe que nul n'est obligé qui ne veut, la loi ne considère comme productives d'obligations que les conventions renfermant l'intention formelle de s'obliger ; mais d'autre part dès que cette intention est manifeste, elle imprime à l'engagement qui s'est formé le sceau de l'irrévocabilité, lorsqu'il est d'ailleurs accompagné des différentes conditions requises pour son existence.

Ces conditions sont énumérées dans l'article 1108 dont le texte est ainsi conçu :

« Quatre conditions sont essentielles pour la validité d'une convention :

1º Le consentement de la partie qui s'oblige ;

2º Sa capacité de contracter ;

3º Un objet certain qui forme la matière de l'engagement ;

4º Une cause licite dans l'obligation. »

L'article 1108 ne mentionne que le consentement de la partie qui s'oblige ; mais le vice de cette rédaction n'est qu'apparent, car il est certain que le consentement de l'une des parties renferme implicitement celui de l'autre ; sans le concours de deux volontés, point de contrat.

Les développements relatifs aux conditions que nous venons d'énoncer feront l'objet des quatre sections qui suivent.

SECTION I.

Du Consentement.

La condition première de la validité des contrats est le consentement de la partie qui s'oblige, c'est-à-dire son assentiment à la volonté précédemment manifestée par l'autre partie. Il existe en effet un principe général en matière de propriété, c'est: que les biens ne peuvent être transmis sans le consentement exprès ou tacite de celui à qui ils appartiennent. Mais il s'agit moins ici du défaut absolu de consentement, que du consentement vicieux c'est-à-dire du consentement réellement donné, mais affecté d'un vice qui permet de le faire révoquer.

Selon l'article 1109, le consentement peut être nul ou insuffisant dans trois cas :

1º S'il est le résultat de l'erreur ;

2º S'il a été extorqué par la violence ;

3º S'il a été surpris par dol.

De là, la division de notre section en trois paragraphes.

§ I. — DE L'ERREUR. — L'erreur est une croyance qui n'est point conforme à la vérité.

« Il n'y a point de consentement valable, dit l'article 1109, si le consentement n'a été donné que par erreur. »

Toutefois, une erreur quelconque n'a pas pour effet de porter atteinte à la validité du consentement; ce n'est qu'autant que cette erreur est devenue la cause déterminante de l'engagement, ce n'est qu'autant qu'elle se présente à nous avec ce caractère dominant que les jurisconsultes romains ont qualifié par ces mots : *Error dans causam contractui.*

De là, la division entre l'erreur cause de nullité et l'erreur cause d'annulation.

(Erreur cause de nullité). — L'erreur dans un contrat peut porter :

1º Sur la nature même de la convention ; ainsi, si l'une des parties a entendu louer et l'autre acheter. Il n'y a point, dans cette hypothèse, concours de volonté puisque chacune des parties se méprend sur l'intention de l'autre ; dès lors le contrat est nul ;

2° Sur l'objet même de la convention ; lorsque, par exemple, l'une des parties a en vue tel immeuble et l'autre partie telle autre immeuble, dans ce cas encore il n'y a pas eu accord d'idées, rencontre de volontés par conséquent la convention est nulle.

[Erreur cause d'annulation]. — 1° Erreur sur la substance de l'objet.

En droit, la substance d'une chose est ce sur quoi est intervenu la convention, en autres termes, la qualité que les parties contractantes ont eu principalement en vue, si donc l'erreur porte sur la qualité principale de l'objet du contrat, si par exemple, j'ai cru acheter un tableau de Raphaël et c'est celui d'un peintre obscur, le contrat peut être annulé.

2° Erreur sur la personne.

L'erreur peut aussi tomber sur la personne avec laquelle on a contracté ; mais, dans ce cas, elle ne rend le contrat annulable qu'autant que la considération de cette personne a été la cause principale de l'engagement. (Art. 1110, alin. 2).

Ainsi, dans les contrats de bienfaisance, cette erreur est toujours une cause d'annulation lorsqu'elle porte sur la personne du donataire ou du légataire, parce que là, ce n'est que la considération de la personne qui nous détermine à donner.

L'erreur sur le nom de la personne, lorsque d'ailleurs l'identité est certaine, ne porte aucune atteinte à la validité de la convention.

Nous venons de voir les cas dans lesquels l'erreur rend le contrat radicalement nul, ceux dans lesquels l'erreur rend seulement le contrat annulable et où tout dépend alors des faits particuliers, dont l'examen est abandonné à l'appréciation des tribunaux, qui peuvent, selon les circonstances, annuler la convention ou la laisser subsister, il nous reste à dire avant de terminer ce qui a trait au premier vice du consentement que l'erreur portant sur les qualités non-substantielles, sur le motif du contrat, sur la personne sauf le cas que nous avons signalé tantôt, laisse le contrat parfaitement valable.

Nous devons ici examiner une question fort importante, c'est de savoir si l'erreur de droit peut être invoquée comme une cause de nullité des conventions, car jusqu'ici nous n'avons considéré l'erreur que sous le rapport des faits qui peuvent la déterminer.

L'article 1110 ne distingue point l'erreur de *droit* de l'erreur de *fait*. L'erreur de droit doit donc être, de même que l'erreur de fait, une cause de nullité.

On fait contre cette solution deux objections et la controverse s'est établie sur les articles 1356 et 2052 du Code civil.

Le premier de ces textes est ainsi conçu : « L'aveu ne peut être révoqué à moins qu'on ne prouve qu'il a été la suite d'une erreur de fait. Il ne pourrait être révoqué sous prétexte d'une erreur de droit. » L'article 2052 dispose : « Les transactions ne peuvent être attaquées pour cause d'erreur de droit. »

Ceux qui soutiennent que l'erreur de droit ne doit pas être comptée parmi les causes de nullité des conventions, considèrent ces deux articles comme fournissant deux applications spéciales du principe général qui ressort, suivant eux, du système de la loi ; ils confirment leur interprétation par cet adage que nul n'est censé ignorer la loi, *nemo legem ignorare censetur*.

Les antagonistes de cette opinion basent leur doctrine sur ce raisonnement : « Il est évident que les deux articles invoqués présentent le caractère d'exception et si la loi a cru devoir dire expressément que l'erreur de droit n'est pas, dans ces deux cas particuliers, une cause de rescision, c'est qu'évidemment il en est différemment selon le droit commun. — Quant au moyen tiré de l'adage que nul n'est censé ignorer la loi, ils le réfutent en disant que cette règle est vraie et suivie en *droit criminel* où l'ordre public et l'intérêt général exigent que le coupable ne puisse se soustraire au châtiment en invoquant son ignorance de la loi ; mais en *matières civiles* on cesse de reconnaître la nécessité de cette règle, qui bien souvent d'ailleurs serait injuste en frappant les plus ignorants, c'est-à-dire ceux-là mêmes que la loi doit protéger plus spécialement et certes la vie pratique prouve que la loi est ignorée de bien des citoyens.

Il nous reste maintenant à choisir entre ces deux systèmes. La doctrine consacrée par ces derniers jurisconsultes repose sur des principes trop certains pour que nous croyions devoir nous en écarter. Du reste les rédacteurs du Code ne devaient point ignorer la grande controverse que cette distinction avait fait naître dans l'ancienne jurisprudence et si, nonobstant ce souvenir, ils ont gardé le silence, c'est qu'évidemment ils avaient en vue de l'abolir.

§ II. — DE LA VIOLENCE. — L'article 1109 porte que le consentement n'est pas valable s'il a été extorqué par la violence. S'agit-il ici de la violence *physique* ou de la violence *morale ?*

L'article 1112 ne s'occupe et ne devait s'occuper que de la violence morale. Il n'était nullement besoin en effet d'annuler par une disposition formelle un contrat dans lequel l'une des parties n'aurait été que l'instrument passif d'une volonté qui la maîtrisait ; tel serait le cas d'une personne dont on aurait guidé la main, de vive force, pour lui faire souscrire une obligation.

Dans la violence, il n'y a pas comme dans l'erreur, absence complète de consentement, la crainte inspirée n'anéantit pas absolument la volonté de contracter, cette volonté existe mais elle est imparfaite et vicieuse : *Coacta voluntas sed voluntas.* Il en résulte que le contrat consenti sous l'empire de la crainte existe dans les termes du pur droit naturel ; mais par des motifs d'équité le droit civil déclare ce contrat annulable.

Quels devront être les caractères de la violence pour vicier le consentement ? La loi les détermine elle-même dans l'article 1112 : « Il y a violence, lorsqu'elle est de nature à faire impression sur une personne raisonnable et qu'elle peut lui inspirer la crainte d'exposer sa personne ou sa fortune à un mal considérable et présent. » Par personne raisonnable, le Code civil entend ici, non pas comme en droit Romain une personne très-courageuse, *vir constantissimus,* mais bien une personne douée d'une force de caractère ordinaire.

Malgré ce tempérament apporté aux anciens principes, la loi serait encore parfois bien sévère, car telle violence insuffisante pour intimider un homme d'une fermeté ordinaire, peut inspirer une crainte légitime à une femme, à un vieillard, aussi le Code apporte-t-il une modification à cette rigueur de la loi dans la loi elle-même, car la fin de notre article consacre ce principe, que le juge « doit, en cette matière, prendre en considération l'âge, le sexe et la condition des personnes. » (Art. 1112, 2e alin.)

Il faut en outre pour que le contrat puisse être annulé, que la personne violentée ait été menacée d'un mal *considérable* c'est-à-dire de tout préjudice grave porté soit à sa personne, soit à sa fortune.

Le mal doit aussi être *présent.* Est-ce à dire que le mal doit être réalisé sur-le-champ, à l'instant même ? Évidemment non, pourvu que le danger soit réel, inévitable, peu importe l'époque d'exécution de la menace, si elle n'est pas trop éloignée.

L'article 1111 déclare que la violence est une cause de nullité de quelque part qu'elle ait été exercée, qu'elle provienne de celui au profit duquel la convention a été faite ou d'un tiers, parce qu'elle enlève toujours la liberté du consentement.

La violence est cause de rescision non-seulement quand elle nous atteint nous-mêmes, mais encore quand elle atteint la personne de notre conjoint, de nos descendants ou ascendants. Ici, le législateur a admis cette présomption que le contractant, vu les sentiments d'affection qu'il éprouve pour ses proches, a été dominé par une légitime frayeur à la vue des dangers dont ils étaient menacés ; mais si le mal doit atteindre d'autres parents que ceux désignés par l'article 1113, c'est alors aux tribunaux à prononcer selon les circonstances.

La seule crainte de déplaire à nos ascendants, *la seule crainte révérentielle*, comme l'appelle le Code, ne peut non plus donner ouverture à l'annulation du contrat, cette crainte en effet n'est pas inspirée par la violence, mais plutôt par le respect qu'on porte à ces personnes, par le désir de conserver leur affection et elle ne peut donner cause de nullité que si elle est accompagnée de quelques menaces.

§ III. — DU DOL. — On entend par *dol*, toute ruse, tout artifice pratiqué par une personne pour en circonvenir une autre.

« Le dol, dit l'article 1116, est une cause de nullité de la convention lorsque les manœuvres pratiquées par l'une des parties sont telles qu'il est évident que sans ces manœuvres, l'autre partie n'aurait pas contracté. — Il ne se présume pas et doit être prouvé. »

Ainsi : Émaner de l'une des parties contractantes ;

Être prouvé par celui qui s'en plaint ;

Avoir influé sur la formation du contrat,

Tels sont les caractères que doit réunir le dol pour donner lieu à la rescision des contrats.

1° La loi exige que le dol émane de l'une des parties. — Si donc le dol a été commis par un tiers avec lequel la partie stipulante ne serait pas d'intelligence, il n'entraînerait pas la nullité du contrat, il donnerait seulement lieu à une action en dommages-intérêts contre ce tiers.

2° Il faut aussi que le dol soit tel que sans les manœuvres pratiquées par l'une des parties, l'autre stipulant n'aurait pas contracté. — Ici se place la distinction entre le *dol principal* et le *dol incident* rapportée par nos anciens auteurs. Le *dol principal* est celui qui a fait naître chez l'une des parties l'idée de contracter alors qu'elle n'y songeait pas, c'est celui qui a dû être la cause déterminante de l'engagement. Le *dol incident* a lieu lorsqu'une personne qui avait d'ailleurs intention de contracter, n'a été trompée par l'autre que sur des accessoires de la chose faisant l'objet de la convention, par exemple, sur les qualités de cette chose. Ce dol ne donne lieu généralement qu'à des dommages-intérêts, tandis que la loi attribue au dol principal la force rescisoire.

M. Mourlon distingue une troisième classe de dol sous la dénomination spirituelle de *dol autorisé*. Il consiste dans les affirmations mensongères par lesquelles un vendeur exalte la valeur de ses marchandises. Ce dol souffert par la loi ne saurait donner lieu ni à la nullité du contrat, ni à une action en dommages-intérêts.

3° C'est à celui qui se plaint d'un dol commis à son préjudice d'en justifier, car la bonne foi se présume toujours. — Ce principe que la bonne foi se présume toujours et que le juge est chargé de recueillir les preuves de la mauvaise foi est également appliqué par la loi à l'erreur et à la violence, et il amène à cette conséquence que la convention entachée de l'un de ces vices, n'est pas nulle de plein droit, c'est-à-dire qu'elle n'est sujette qu'à annulation ou rescision. (Art. 1117).

En principe l'erreur, la violence et le dol sont les seuls vices du consentement susceptibles de faire annuler un contrat, par exception la *lésion* peut vicier les conventions, mais seulement « dans certains contrats et à l'égard de certaines personnes » nous dit l'article 1118.

Les contrats dont la lésion entraîne la nullité sont :

1° La vente d'immeubles lorsque la lésion au préjudice du vendeur excède sept douxièmes. (Art. 1674).

2° Les partages entre mari et femme, entre héritiers ou associés, si l'un des copartageants éprouve une lésion de plus du quart. (Art. 887).

Quant aux mineurs, la loi protége leur inexpérience en déclarant tous leurs contrats rescindables pour cause de lésion.

Nous avons établi précédemment que le consentement des contractants est essentiel pour la validité des conventions. De là ce principe « qu'on ne peut, en général, s'engager ni stipuler en son propre nom que pour soi-même. » (Art. 1119).

1re proposition. — *On ne peut, en général, s'engager en son propre nom que pour soi-même.* Mais la loi elle-même par ces mots *en général* nous indique que cette proposition ne doit pas être prise dans un sens absolu, en effet le mandant se trouve valablement obligé par son mandataire, lorsque celui-ci n'a pas outrepassé les bornes de son mandat; il en est de même dans la gestion d'affaires. Ainsi donc, tout le système se résume en cette idée : il n'est point permis, à moins qu'on n'ait reçu mandat à cet effet, de faire pour une personne une promesse que son intérêt, bien entendu, n'exige point qu'on fasse pour elle.

La vérité de notre assertion se trouve justifiée par l'exception comprise dans l'article 1120 ainsi conçu : « Néanmoins on peut se porter fort pour un tiers, en promettant le fait de celui-ci, sauf l'indemnité contre celui qui s'est porté fort, ou qui a promis de faire ratifier si le tiers refuse de tenir l'engagement. » *Se porter fort,* c'est promettre de faire ratifier par le tiers au nom duquel on parle la promesse qu'on fait pour lui. Mais il ne faut pas rattacher cette garantie de faire ratifier à l'exécution de la promesse. En effet, si le promettant s'est simplement *porté fort,* il n'a promis dans ce cas que de faire ratifier son engagement par le tiers ; partant, si le tiers ratifie, le promettant est déchargé et si le tiers refuse de ratifier, le promettant se libère moyennant des dommages-intérêts — ou bien, indépendamment de la *ratification,* le promettant, rien ne s'y oppose, s'est porté garant de l'*exécution* et alors, même après que le tiers aura ratifié, le promettant demeurera responsable de l'exécution.

2e proposition. — L'article 1119 dit aussi : *Qu'on ne peut stipuler en son propre nom que pour soi-même.* Ainsi, par exemple, j'ai stipulé de vous, voulant vous obliger envers moi-même, que vous bâtirez la maison de Titius ; cette stipulation est nulle. Titius n'a contre vous aucune action puisqu'il est étranger au contrat et je n'ai moi-même aucun moyen de coercition contre vous, car n'ayant aucun intérêt pécuniaire à ce que l'engagement s'accomplisse, je n'ai droit à aucune indemnité au cas d'inexécution.

Cette prohibition de la loi est uniquement basée sur le défaut d'intérêt personnel ou de qualité de la part de celui qui stipule pour les tiers ; car nous savons que là où il n'y a point d'intérêt, les moyens de coercition manquent et là où il n'y a point de contrainte légale, il ne peut y avoir ni dette ni créance. — Toutes les fois donc qu'un intérêt appréciable en argent pourra motiver l'exécution ou l'inexécution du contrat, cette règle souffrira exception.

Nous signalerons d'abord la disposition exceptionnelle contenue dans l'article 1121 dont voici la teneur : « On peut stipuler au profit d'un tiers, lorsque telle est la condition d'une stipulation que l'on fait pour soi-même, ou d'une donation que l'on fait à un autre. »

Cet article règle deux cas :

1º Le cas où une stipulation qui est faite au profit d'un tiers est la condition d'une stipulation que l'on fait pour soi-même. Ainsi, je stipule de vous que vous vendrez votre maison à Titius et en cas d'inexécution vous me paierez tant. Avec cette clause pénale, la première stipulation est valable parce que cette peine est convenue *principaliter*, quoique sous condition, entre le stipulant et celui qui s'est obligé ;

2º Le cas où la stipulation faite au profit d'un tiers est la condition d'une donation que l'on fait à un autre. Cette condition est considérée comme une charge de la libéralité ; ainsi, par exemple, je vous donne ma maison à condition que vous servirez une rente viagère à un tiers.

Mais le tiers pour lequel on a stipulé n'est pas immédiatement et à son insu investi du droit résultant de cette stipulation, la fin de l'article 1121 dit en effet : « Celui qui a fait cette stipulation ne peut plus la révoquer, si le tiers a déclaré vouloir en profiter. » Le contrat ne sera donc parfait que lorsque le tiers aura déclaré vouloir profiter de la stipulation ; jusque là il n'y a qu'une simple pollicitation révocable à la volonté du stipulant.

Le tiers auquel l'offre est faite peut accepter par acte sous seing-privé aussi bien que par acte authentique, car la loi ne prescrit de formalités particulières que pour les donations directes.

Il n'en est pas de même des héritiers des parties comme des étrangers. « On est censé, dit l'article 1122, avoir stipulé pour soi et pour ses héritiers et ayant-cause, à moins que le contraire ne soit exprimé ou ne résulte de la nature de la convention. » Nous savons, en effet, que l'héritier continue la personne du *de cujus. Hœres enim defuncti personam sustinet.* Ainsi, qu'il recueille à titre universel ou à titre particulier les droits et charges du *de cujus*, il continuera la personne du défunt soit dans tous ses biens, soit dans la portion de biens qui lui est transmise.

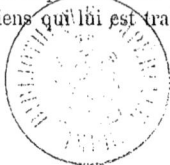

3

Le principe établi dans l'article 1122 reçoit deux limitations :

1º Lorsque les parties ont expressément dit que le droit ou l'engagement qui fait l'objet du contrat s'éteindra par la mort du créancier ou du débiteur ;

2º Lorsque la nature de la convention indique que les effets n'en doivent pas passer à l'héritier ; ce qui doit s'entendre, par exemple, de la stipulation d'un usufruit, d'un droit d'usage ou d'habitation.

SECTION II.

De la capacité des parties contractantes.

Laissant de côté les incapacités naturelles c'est-à-dire les incapacités qui privent une personne soit habituellement, soit momentanément de l'intégrité de ses facultés intellectuelles, comme la démence, l'ivresse ou le délire , les rédacteurs du Code ne se sont occupés que de la capacité civile, et ils ont posé en principe, que toute personne est capable de contracter, si elle n'est pas déclarée incapable par la loi.

La capacité forme le droit commun, l'incapacité l'exception.

Les incapables sont : 1º les mineurs, 2º les interdits, 3º les femmes mariées, 4º tous ceux à qui la loi interdit certains contrats.

1º *Les Mineurs*. — La loi les divise en deux classes : mineurs non émancipés et mineurs émancipés.

La loi donne aux premiers un tuteur qui les représente dans tous les actes civils, de même qu'un mandataire représente son mandant. Ce tuteur gère pour eux ; mais par une fiction de droit, c'est dans la personne des mineurs que se réalisent activement et passivement tous les effets des conventions faites en leur nom. Il existe cependant certains actes qui ne peuvent être faits que par le mineur lui-même ; ainsi le mariage , le contrat de mariage, le testament.

Quant aux mineurs émancipés la loi ne leur donne plus un *tuteur* mais un *curateur*. Ils jouent eux-mêmes leur propre rôle ; leur curateur ne fait que les assister dans les actes qu'ils passent eux-mêmes et en personne.

2° *Les Interdits.* — Ils se subdivisent aussi en deux classes : ceux frappés d'une interdiction complète et ceux frappés d'une demi-interdiction.

Aux premiers, la loi donne un tuteur qui gère pour eux et les représente ; incapables absolument, la loi les assimile aux mineurs non-émancipés.

Aux seconds, la loi donne un conseil judiciaire, sans l'assistance duquel ils ne peuvent faire valablement certains actes que la loi désigne. Pour tous autres actes, ils conservent leur pleine et entière capacité. (Art. 499 et 513).

3° *Les Femmes mariées.* — Sans l'autorisation de leur mari ou de justice, elles sont incapables de faire tous les actes qui dépassent les limites de la libre administration de leurs biens. (Art. 217).

Les actes faits par les mineurs, les interdits, les femmes mariées ne sont pas *nuls* de plein droit, mais seulement *annulables.* L'incapable seul peut à son choix tenir pour bon le contrat ou le faire annuler ; l'article 1125 dit en effet que : « Les personnes capables de s'engager ne peuvent opposer l'incapacité du mineur, de l'interdit ou de la femme mariée avec qui elles ont contracté. »

4° *Tous ceux à qui la loi interdit certains contrats.* — Cette quatrième classe d'incapables ne comprend que des personnes parfaitement capables en principe, mais auxquelles des textes spéciaux interdisent certains contrats à raison de circonstances particulières. C'est ainsi, par exemple, que le tuteur ne peut acheter ni prendre à ferme les biens de son pupille, que le contrat de vente est défendu entre époux.

SECTION III.

De l'objet des contrats.

Toute convention obligatoire doit avoir un objet.

On entend par objet du contrat, une chose qu'une partie s'engage à donner, à faire ou à ne pas faire. *[Aliquid dandum, vel præstandum, vel faciendum, vel non faciendum].*

Sous le nom de chose, on doit comprendre ici tout ce qui peut procurer à l'homme une utilité ou un avantage quelconque ; car il ne faut pas croire que la pleine propriété puisse seule faire l'objet des contrats, à cet égard l'article 1127 dispose : « Le simple usage ou la simple possession d'une chose peut être, comme la chose elle-même, l'objet du contrat » ce qui revient à dire que les démembrements du droit de propriété peuvent être, comme la pleine propriété, l'objet d'un contrat.

Bien que tous les contrats ne renferment pas la translation de la propriété, néanmoins, comme on s'oblige dans tous, à approprier sous quelques rapports, la chose que l'on a promise au créancier, la loi nous dit que les choses placées hors du commerce ne peuvent former la matière des engagements. (Art. 1128). Ainsi les choses appartenant au domaine public, c'est-à-dire les biens publics de l'État ou des communes ne peuvent être l'objet d'une convention.

La loi exige que l'objet de l'obligation soit certain, c'est-à-dire déterminé quant à son espèce.

De ce principe, nous concluons que toute chose qui n'existe pas dans la nature ne saurait servir d'objet à un engagement.

On doit également écarter des conventions les faits dont la réalisation est impossible ou contraire soit aux lois, soit aux bonnes mœurs. Mais le législateur classe au nombre des engagements licites ceux qui contiennent des stipulations sur les choses futures, ainsi : la récolte que mon vignoble produira cette année. Il veut seulement que la chose puisse exister.

Toutefois une convention qui porterait sur la succession d'un homme vivant ne produirait aucun effet, alors même que ce dernier donnerait son consentement. (Art. 1130).

Des considérations de morale et d'ordre public ont ici dominé les rédacteurs du Code civil ; car, 1º une telle convention contiendrait, de la part des contractants, *votum mortis* ; 2º celui qui traiterait sur une succession qu'il espère ne traiterait pas en connaissance de cause ; car il lui serait impossible d'apprécier l'étendue du droit éventuel dont il dispose.

SECTION IV.

De la cause.

La cause est la quatrième des conditions requises pour la validité des conventions et des engagements qui en résultent.

La cause de l'obligation est ce pourquoi l'on s'oblige, c'est l'avantage qui détermine une partie à s'obliger.

Il ne faut pas confondre la cause avec le motif du contrat. Dans le langage du droit, ces deux mots répondent à deux idées très-distinctes. La cause c'est le but immédiat qu'on se propose d'atteindre en s'obligeant, le motif est le but médiat que se propose la partie qui s'oblige, c'est la cause impulsive de l'engagement.

La cause est toujours certaine et connue des parties, puisqu'elle réside dans le fait ou la promesse du débiteur, ou bien encore dans l'exercice d'une libéralité. Le motif au contraire peut fréquemment n'être connu que de celui qui s'oblige.

Une cause licite étant de l'essence même du contrat, l'article 1131 dispose qu'une convention ne produit aucun effet dans l'un des trois cas suivants, savoir :

1° Si elle n'a pas de cause ;

2° Si elle repose sur une fausse cause ;

3° Si la cause qu'elle renferme est illicite.

La première distinction indiquée par cet article est assez difficile à concevoir, car comment supposer qu'une personne consente à s'obliger si elle ne se propose pas quelque but qu'elle veut atteindre ? Il n'y a qu'un fou qui puisse consentir à s'obliger ainsi.

L'obligation repose sur une fausse cause, lorsqu'elle est fondée seulement sur des apparences, par conséquent sur l'opinion seule des parties contractantes et qu'en réalité elle n'existe pas. Dans ce cas, l'obligation n'est pas seulement *annulable*, elle est *nulle*.

Enfin, quand la cause de l'obligation est illicite, le contrat est encore radicalement nul. Que devons-nous entendre par cause illicite ? — La loi elle-même a pris soin d'en déterminer le caractère dans l'article 1133 dont le texte est ainsi conçu : « La cause est illicite, quand elle est prohibée par la loi, quand elle est contraire aux bonnes mœurs, ou à l'ordre public. »

« La convention n'est pas moins valable, quoique la cause n'en soit pas exprimée » dit l'article 1132. Cette absence d'indication de cause dans l'acte ne peut se présenter que pour le contrat unilatéral, car dans une convention synallagmatique, les causes des obligations réciproques se trouveront exprimées par l'indication même du contrat qu'on a entendu faire.

CODE PÉNAL

DE LA COMPLICITÉ

(Art. 59 à 63.)

La théorie de la complicité est l'une des matières les plus épineuses du droit pénal ; c'est celle aussi qui a le plus vivement excité la méditation des criminalistes.

Qu'est-ce que la complicité ? — C'est l'union de plusieurs personnes rassemblées pour commettre un acte que la loi qualifie crime ou délit.

Lorsqu'un crime a été commis par plusieurs personnes on conçoit que la participation de chacune de ces personnes peut n'être pas la même. L'une a pu en concevoir la pensée et en provoquer l'exécution, l'autre préparer cette exécution, l'autre l'accomplir, l'autre enfin dérober à la justice les coupables et les vestiges du crime. — Chacun des actes de la participation comporte donc des nuances distinctes de criminalité, la peine devait donc être mesurée entre les coupables suivant la culpabilité relative de chacun d'eux ; mais comment la loi aurait-elle pu apprécier la criminalité de chaque espèce de participation au délit ? Comment la loi aurait-elle pu définir à l'avance et les formes de la participation et les circonstances dans lesquelles elle se produit ? Comment mesurer la peine à chaque degré de cette participation ? On est forcé d'avouer que cette tâche eut été bien difficile, aussi ne faut-il point s'étonner de ce que le législateur de 1810 se soit déterminé à poser une règle générale, uniforme dans l'article 59 dont le texte est ainsi conçu : « Les complices d'un crime ou d'un délit seront punis de la même peine que les auteurs mêmes de ce crime ou de ce délit. » Ils se sont associés dans le crime, la loi les associe dans le châtiment.

Le Code pénal distingue les auteurs et les complices. Il ne faut pas croire en effet, qu'il y ait complicité toutes les fois qu'il y a concours, réunion de plusieurs personnes, de plusieurs volontés pour l'accomplissement d'un acte coupable. Par exemple, deux individus, unis ensemble, sont entrés dans une maison habitée, ils y ont brisé un coffre, ils y ont volé ensemble. Dans ce cas, il n'y a pas de complicité ; des deux coupables dont nous venons d'indiquer l'acte, il n'y en a aucun qui soit, à vrai dire, le complice de l'autre. Tous deux sont voleurs, tous deux sont covoleurs, codélinquants ; il n'y a pas là de complicité.

Dans un autre cas : un individu fournit à une autre une fausse clef, sachant pertinemment qu'il doit s'en servir pour forcer une porte, pour commettre un vol. Il y a ici complicité ; nous voyons en effet d'un côté, un auteur principal, celui qui a résolu le vol, de l'autre, un auteur secondaire, accessoire, celui qui fournit le moyen d'accomplir le délit : il est le complice de l'autre.

Ainsi : *l'auteur* est celui qui prend une part *directe* et *matérielle* au délit, c'est dans sa personne qu'il faut rechercher les éléments constitutifs du délit. — *Le complice* est celui qui prend une part *indirecte* au délit ; la complicité suppose bien une participation à l'acte accompli, mais une participation éloignée, détournée, médiate, indirecte seulement.

De plus, nous avons vu par notre premier exemple que la pluralité d'auteurs n'entraine pas, ne nécessite pas la complicité.

Tout le système du Code en matière de complicité est dans l'article 59 ; comme nous l'avons dit plus haut, c'est le niveau d'un même châtiment à l'égard de tous ceux qui ont coopéré au crime ; mais toutefois cette règle, quelle qu'en soit l'étendue, a des exceptions. L'article 59 en signale lui-même quelques-unes en ajoutant : « sauf les cas où la loi en aurait disposé autrement. »

Les deux cas les plus remarquables où la loi n'a pas frappé de la même peine les auteurs et les complices sont énumérés dans les articles 63 et 67 du Code pénal.

Avant d'entrer dans les détails de l'article 60, nous devons remarquer que parmi les circonstances fort nombreuses énumérées par la loi comme constituant la complicité, on peut compter trois espèces d'actes bien distincts.

La complicité résulte :

1° D'actes antérieurs au crime ou délit accompli, ce qui a lieu dans le cas de *provocation* par dons, promesses, menaces, abus d'autorité ou de pouvoir, machinations ou artifices coupables et par instructions données, ce qui a lieu encore dans le cas de *fourniture des instruments*, armes ou tout autre moyen qui aura servi à l'action, le délinquant *sachant* qu'ils devaient y servir.

2° D'actes concomitants avec le crime ou le délit accompli, ce qui a lieu dans le cas *d'aide* et *d'assistance* prêtée *avec connaissance* à l'exécution.

3° D'actes postérieurs au crime ou délit accompli, ce qui a lieu dans le cas de *recel sciemment* fait des produits du délit.

Ainsi, on distingue, en général, trois sortes de coopération au crime : *avant* son exécution, *pendant* et *après* son exécution.

Nous nous occuperons d'abord de la complicité par *provocation, aide* ou *assistance* qui fait l'objet de l'article 60. Trois règles principales nous semblent dominer l'application de cet article.

Première règle. — La première de ces règles est que : *les dispositions de la loi qui déterminent les circonstances constitutives de la complicité sont essentiellement limitatives.* — L'évidence de cette règle se tire de cette maxime, qu'en matière pénale on ne peut admettre aucune analogie ; elle résulte d'ailleurs du texte même de l'article 60 qui ne procède point par voie démonstrative, mais bien d'une manière restrictive.

Ainsi, un simple conseil donné à un individu de commettre un crime, ne rend pas complice celui qui l'a donné, car le Code pénal n'a point rangé les *conseils* parmi les actes de complicité.

La même solution s'appliquerait à celui qui, présent à l'action criminelle, mais sans y participer, ne l'a toutefois point empêchée ; car ce n'est pas là un cas de complicité légale, laquelle du reste ne peut s'établir que sur des faits positifs et non sur des faits négatifs.

Une seconde conséquence de notre première règle, est qu'il est indispensable que les circonstances constitutives de la complicité, telles que l'article 60 les a déterminées, soient déclarées par le jury ; car sans cette déclaration, la loi qui a voulu restreindre dans cet article les faits élémentaires de cette complicité, serait incessamment éludée.

Ainsi, la question portée en ces termes devant une cour d'assises : Un tel est-il complice ? ne remplit pas le vœu de la loi. A une question ainsi posée, la déclaration même affirmative serait absolument nulle et ne pourrait emporter l'application d'aucune peine. Il est nécessaire que les faits d'où la complicité dérive soient précisés dans les questions soumises au jury et dans les réponses du jury. Autrement, une réponse affirmative à cette question générale : Un tel est-il complice ? laisserait tout-à-fait incertain le point de savoir si le jury a entendu le mot complice dans le même sens que la loi l'entend.

La règle qui exige la constatation des diverses circonstances constitutives de la complité, reçoit une application particulière relativement à chacun des actes de la complicité.

Ainsi la provocation se manifeste par *dons, promesses, abus d'autorité et de pouvoir.* Si elle n'est pas accompagnée de ces circonstances, elle échappe à toute répression. Il suit de là qu'il est indispensable que le jury déclare la circonstance qui peut seule en incriminer le caractère, puisque la simple provocation, libre de toutes circonstances aggravantes ne constituerait ni crime ni délit.

La provocation se révèle encore par des *machinations ou artifices coupables.* Or il est hors de doute qu'il ne suffirait pas que l'accusé fut déclaré coupable d'avoir provoqué par des *artifices* pour l'application de la peine, car la loi n'incrimine que la provocation par *artifices coupables.*

Enfin la provocation a lieu en donnant des *instructions pour commettre l'action criminelle.* Pour qu'on puisse dans ce cas être réputé complice, il ne suffit pas évidemment d'avoir indiqué les moyens par lesquels on commettrait tel crime, il faut que ces instructions aient été données en vue du crime qui va se commettre et pour en faciliter l'exécution. Il faut que l'accusé sache que les instructions données par lui *doivent servir au crime.*

Aux termes du deuxième paragraphe de l'article 60, on participe également à l'action, en procurant *des armes, des instruments ou tout autre moyen qui aura servi à l'action,* mais seulement avec la connaissance *qu'ils devaient y servir.* Rien de plus raisonnable, rien de plus facile à comprendre que ce principe. Il est clair que si on prête une arme ou un instrument pour un usage légitime, ou dans un but qu'on ignore, on ne peut être responsable des actes coupables commis ensuite par celui qui l'a reçu. Il suit de là que pour établir cette sorte de complicité, il est nécessaire de constater le concours du fait et de l'intention criminelle, intention qui ne peut résulter que de la connaissance qu'aurait eue l'accusé de l'emploi qui devait être fait des armes, instruments ou autres moyens de commettre le crime.

Enfin l'article 60 nous dit que la participation se révèle par *l'aide ou l'assistance* prêtée avec *connaissance* dans les faits qui auront préparé ou facilité ou dans ceux qui auront consommé l'action. La condition essentielle de toute complicité par assistance est la déclaration que l'accusé a agi *avec connaissance.*

Seconde règle. — Nous passons à la seconde règle qui domine notre matière, c'est : *Qu'il n'y a point de complices sans un fait principal à l'exécution duquel ils se rattachent.* — Cette règle résulte de la nature même des choses, car il est évident, que s'il n'y a pas de fait principal, s'il n'existe point de crime, il ne peut y avoir de complices de ce crime, car la complicité n'est qu'un acte accessoire.

Pour appliquer les peines résultant de la complicité aux termes des articles 59 et 60, il faut donc que le crime ou délit ait été réellement accompli. Point de complicité, sans un fait constant ayant le caractère de crime ou délit. Ainsi : l'auxiliaire d'un suicide n'est pas punissable, parce que le fait du suicide n'est pas puni par la loi. De même si le fait principal était amnistié, la complicité cesserait d'exister.

Mais peu importe que l'auteur du délit soit inconnu ou absent, peu importe qu'il ne soit pas poursuivi ou qu'il soit acquitté en raison de sa bonne foi ou de sa démence : la fuite, le décès ou l'innocence de l'auteur ne saurait profiter au complice. Le complice du crime de rapt d'une mineure de seize ans sera poursuivi et condamné, bien que le ravisseur échappe à la poursuite par le mariage.

Troisième règle. — La troisième règle de la complicité est relative à l'application de la peine et se trouve textuellement dans l'article 59, c'est que : *les complices sont punis de la même peine que les auteurs principaux.* — Tout d'abord nous devons remarquer que ce principe, qui est demeuré rigoureusement inscrit dans le Code, n'a plus aujourd'hui les mêmes effets qu'il avait autrefois.

De la même peine c'est-à-dire de la même peine de droit, mais non pas nécessairement d'une peine égale ou de la même peine de fait. Ainsi, dans tous les cas où la loi laisse aux cours d'assises ou aux tribunaux le choix, la latitude entre un *minimun* et un *maximum*, ce n'est pas violer l'article 59 que d'appliquer, par exemple, le *maximun* à l'auteur principal et le *minimum* au complice ou réciproquement. Si le législateur en premier lieu, a prescrit les *mêmes peines* pour les auteurs et les complices, il n'a voulu parler que du *même genre* de peines et non de peines de la *même durée*. De plus aujourd'hui, avec le système des circonstances atténuantes, le même genre de peines peut même ne pas s'appliquer à l'auteur et au complice : l'un peut être puni des travaux forcés, par exemple, l'autre d'un simple emprisonnement correctionnel.

Cependant la faveur des circonstances atténuantes étant refusée aux complices, quelle est la peine qui les menace et peut les atteindre encore ? L'article 59, avons-nous dit plus haut, les punit de la même peine que les auteurs.

Ainsi le fait de l'auteur devient le fait du complice ; tel il est aggravé pour l'auteur par les *circonstances matérielles* dans lesquelles il a été commis, tel il est aggravé pour le complice, même quand il les aurait ignorées. Il y a cependant une exception quant au receleur. (Art. 63.) « Si les circonstances aggravantes motivent une peine perpétuelle, le receleur qui les aura ignorées ne subira que la peine des travaux forcés à temps. » Mais les termes de la loi ne permettent point cette distinction pour tout autre cas et il suffit que l'article 63 l'ait formellement autorisée vis-à-vis des complices par recelé, pour qu'elle soit implicitement repoussée à l'égard des autres complices.

Nul ne doute de la réaction sur le complice des circonstances *matérielles* du fait, telles que la préméditation, le temps de nuit, l'escalade, l'effraction, l'emploi de fausses clefs ; mais on conteste la réaction des circonstances aggravantes qui résultent des *qualités personnelles* à l'auteur, la parenté, l'état de domestique, d'officier public, de tuteur, de fonctionnaire. — N'y a-t-il pas en effet une flagrante injustice à punir comme le domestique infidèle, comme le fonctionnaire dilapidateur, comme le fils parricide le complice qui, en se rendant coupable d'un crime, n'a du moins trahi ni la foi d'un maître, ni les devoirs de ses fonctions, ni les sentiments les plus sacrés de la nature ? Si les devoirs de l'un et de l'autre ne sont pas égaux, comment le crime peut-il être égal pour chacun ? Telle est l'objection. — Cependant l'opinion généralement adoptée, car la Cour de cassation a maintenu dans cette hypothèse comme dans la première une règle uniforme, l'opinion généralement adoptée, dis-je, rend le complice responsable de toutes les circonstances, même personnelles, sans distinction ; parce que la qualité de l'auteur est un élément constitutif du crime, qu'elle sert à le caractériser.

En conséquence, le complice du fils meurtrier de son père, du domestique voleur de son maître, eût-il ignoré cette qualité personnelle de l'auteur, sera frappé de la peine du parricide ou du vol domestique.

C'est une grande rigueur que d'étendre au complice les circonstances aggravantes dont il n'a pas eu connaissance ; mais l'article 59 est formel. C'est ici le cas de rappeler cet adage : *Dura lex sed lex*.

Si le fait de complicité s'identifie avec le fait principal, nous devons dire ici que la personne du complice ne s'identifie pas avec celle de l'auteur ; de sorte que l'un et l'autre pourront être traités différemment dans l'application de la peine. Cette peine une fois déterminée par le caractère du fait de l'auteur, pourra être augmentée pour l'un, s'il est par exemple en état de récidive, diminué pour l'autre en raison d'excuse ou de toute autre considération personnelle. Ainsi, dans le cas où l'auteur est en état de récidive, on comprend qu'il serait absurde que l'aggravation qui puise ses motifs dans les habitudes dépravées d'un condamné, pût s'étendre à des complices chez lesquels aucune condamnation antérieure ne révèle les mêmes habitudes.

Nous arrivons maintenant aux règles relatives aux complices par recel qui font l'objet des articles 61 et 62 du Code pénal.

On distingue deux espèces de recel :

1° Celui des personnes ;

2° Celui des choses provenant du délit.

Aux termes de l'article 61, trois conditions sont requises pour que les receleurs des personnes puissent être réputés complices. Il faut qu'ils aient connu la conduite criminelle des malfaiteurs, qu'ils leur aient fourni volontairement logement, lieu de retraite ou de réunion ; enfin que ces secours aient été non pas accidentels mais habituels.

Cette dernière circonstance est surtout constitutive de la complicité, parce qu'elle suppose une connaissance particulière des crimes et une assistance prêtée pour les commettre : sans l'habitude de donner asile, il n'y a pas de crime. Ce n'est pas le fait d'un lieu de retraite fourni accidentellement, une seule fois, qui constitue la complicité et la pénalité qui s'y rattache, c'est la fréquence, c'est le retour, c'est l'habitude d'un pareil fait. Or il est sensible que cette habitude, une fois établie, devient une complicité véritable et que, par une raison fort simple, elle devient dans les rapports de celui qui donne le lieu de retraite avec ceux qui le reçoivent, un véritable encouragement, une aide, une facilité, une assistance éloignée si l'on veut, mais enfin une assistance dans les méfaits dont les malfaiteurs se rendent coupables.

L'article 62 s'occupe du recel des choses enlevées, détournées ou obtenues à l'aide d'un crime ou d'un délit. — Ici il n'est plus question de l'habitude du recel, de la fréquence du retour des actes qui le constituent ; la loi regarde le receleur comme complice, alors même que le recel ne s'est produit qu'une seule fois. De plus, la connaissance que la chose recelée provenait d'un crime ou délit est la circonstance constitutive du recel. Il est incontestable, en effet, que celui qui cache, qui recèle chez lui des objets d'une origine inconnue n'est nullement responsable ni pénalement, ni civilement du tort causé par le délit qu'il ignorait. — Ainsi la loi déclare le receleur complice et par là même en combinant les articles 59 et 62 lui applique la peine méritée par l'auteur du crime ou délit. Or est-il moral, est-il convenable d'assimiler complétement et dans tous les cas le receleur à l'auteur ? On est forcé de reconnaître que la sévérité de la loi est ici exorbitante. Cette assimilation n'est pas nouvelle, nos anciennes lois l'ont faite à l'exemple de la loi romaine laquelle qualifiait sévèrement les receleurs : *Pessimum genus est receptatorum.* Quels motifs peut-on en donner ? Pour les uns, c'est par motif de pure utilité, c'est que s'il n'y avait pas de receleurs il n'y aurait pas de voleurs ; pour d'autres, c'est, dit-on, que le receleur met obstacle à l'action de la justice, à la poursuite ; pour d'autres enfin c'est que le receleur ne reçoit point gratuitement l'objet volé, il prend une part sur le vol et il assume par là sur sa tête une responsabilité civile et pénale.

Il est certes bien facile de se convaincre de l'inexactitude de pareilles raisons.

La première de ces raisons, en effet, est absolument fausse : sur trente voleurs, vingt-neuf sont eux-mêmes leurs propres receleurs ; ils tâchent de dépenser, de consommer, d'employer les choses volées ; ils ne se soucient nullement de partager le bénéfice avec le receleur.

Quand on dit ensuite que le receleur entrave l'action de la justice, empêche la découverte du vol et du voleur, on dit une chose parfaitement vraie. Mais la conséquence est-elle qu'il y ait assimilation entre le recel et le vol, entre le receleur et le voleur ? Certes non, et l'article 248 du Code pénal, tout en punissant avec grande raison celui qui donne asile à l'assassin, qui met obstacle aux recherches de la justice, établit une différence immense entre la pénalité due au crime de l'un et au simple délit qu'on reproche à l'autre. Cet article en effet dispose : « Ceux qui auront recelé ou fait receler des personnes qu'ils savaient avoir commis des crimes emportant peine afflictive, seront punis de trois mois d'emprisonnement au moins et de deux ans au plus. » Et cela quelle que soit la durée et la nature de la peine encourue par les personnes recelées.

La troisième raison est plus sérieuse, c'est : que le recel le plus souvent n'est pas gratuit, c'est que les receleurs stipulent une part très-forte dans le vol. On conçoit alors que le recel soit plus sévèrement puni, mais dans ce cas même y a-t-il raison suffisante encore d'assimiler le receleur au voleur? Supposez, par exemple, qu'un objet a été volé à l'aide de violence, d'effraction, de fausses clefs : celui qui a recelé doit-il être passible de l'aggravation de peine résultant de circonstances que peut-être il ignore. Il y a toujours entre le voleur et le receleur cette différence que le premier a eu à surmonter plus d'obstacles, que son âme a dû se roidir plus longtemps contre la sanction de la loi. Supposez maintenant, ce qui est possible, un recel commis sans intérêt, sans partage des produits du vol soit par une faiblesse, soit par une complaisance coupable, soit par une amitié aveugle qui devient un délit portée jusque-là, mais qui n'est pas un vol; et même dans ces divers cas, l'article 62 étant formel, on devra comprendre dans une même assimilation le recel d'habitude, le recel salarié et enfin le recel donné par amitié, par complaisance, par une complaisance trop facile, mais que la loi n'a pas le droit de punir aussi sévèrement.

Nous croyons donc qu'il n'est pas possible d'admettre dans toute sa plénitude l'assimilation faite entre le voleur et le receleur. Du reste le législateur, après avoir dit dans l'article 62 que les receleurs seront punis comme complices du crime ou délit, recule devant son application lorsque la peine de l'auteur principal est la peine de mort ou une peine perpétuelle. (Art. 63). Comme si la nature de la peine pouvait modifier l'injustice de la règle; comme si la même raison qui repousse l'égalité de la peine entre les auteurs et les receleurs quand cette peine est capitale ou perpétuelle, ne la repoussait pas également quand cette peine n'est que temporaire.

Il nous reste à dire avant de terminer que la complicité en matière de contraventions n'est pas punissable, c'est ce qu'établissent formellement les textes mêmes des articles 59, 60, 61 et 62 et la jurisprudence n'a eu qu'à proclamer cette règle.

DROIT COMMERCIAL

DU CONTRAT A LA GROSSE

Principes généraux. — Sa forme. — Objets sur lesquels on peut emprunter.

Le contrat à la grosse aventure, ou plus brièvement le contrat à la grosse, est un contrat par lequel l'un des contractants prête à l'autre un capital sur des objets exposés à des risques maritimes, à condition que s'ils périssent ou sont détériorés par les accidents de la navigation, celui qui a prêté le capital ne pourra le répéter, si ce n'est jusqu'à coucurrence de ce que ces objets se trouveront valoir, et que s'ils arrivent heureusement, celui qui a reçu la somme sera tenu de la rendre à celui qui l'a prêtée, avec un certain profit convenu, qu'on nomme *profit maritime*.

L'origine de ce contrat maritime se perd dans l'antiquité; il fut importé d'Athènes à Rome où il se nomma *nautica pecunia*, *nauticum fœnus*.

La définition du prêt à la grosse nous révèle les caractères de ce contrat. Nous reconnaissons en effet qu'il est :

Réel, puisqu'il exige pour sa formation la réelle numération des espèces et qu'ensuite il est garanti sur la chose même.

Unilatéral, car l'emprunteur seul est obligé : le prêteur qui a compté la somme convenue ne l'est aucunement.

A titre onéreux, puisqu'il a lieu pour l'intérêt du prêteur aussi bien que pour celui de l'emprunteur.

Aléatoire, puisqu'il emporte chance de profit ou de perte.

Conditionnel enfin, puisque le remboursement est soumis à la réussite de l'entreprise.

Nous ajouterons que c'est un contrat du droit des gens, en ce qu'il est commun à tous les peuples.

Quatre éléments nécessaires concourent donc à la formation du contrat à la grosse :

1º Une somme ou chose prêtée;

2º Des objets affectés à la sûreté de la créance;

3º Des risques à courir;

4º Un intérêt conventionnel ou profit maritime en cas de réussite.

L'explication successive de ces quatre éléments fera l'objet des quatre paragraphes qui suivent.

§ I.

Somme ou chose prêtée.

———

On peut prêter non-seulement une somme d'argent, mais encore toutes sortes de choses appréciables. Si le Code ne parle que des sommes d'argent, c'est qu'il a statué sur les prêts les plus usuels.

En effet, il n'est pas contre l'essence et la nature de cette convention, que l'emprunteur reçoive des denrées ou marchandises qu'il convertit en argent; mais cependant, dans la réalité, ce sont moins ces choses mêmes que le prix qu'il en peut tirer qui fait la matière du contrat.

Ainsi, il faut que les choses prêtées à la grosse soient de nature à se consommer, ou si elles n'en sont pas susceptibles, que la convention des parties donne à l'emprunteur le droit d'en disposer, sans être tenu de les rendre en nature. Cette nécessité dérive de la nature du prêt à la grosse qui est par essence un *mutuum*, un prêt de consommation; si l'on stipulait le remboursement de la même chose, le contrat deviendrait un prêt à usage, un *commodat* ou plutôt, puisqu'il n'y a pas gratuité, un louage de choses moyennant salaire.

§ II.

Choses affectées au prêt.

———

La nature particulière du contrat à la grosse ne permet pas que tout ce qui fait l'objet des transactions commerciales puisse indistinctement être

5

affecté à un prêt à la grosse ; il faut que ces choses soient susceptibles de courir les hasards d'une expédition maritime, les dangers de la mer ; il faut d'ailleurs qu'elles soient certaines. Aussi l'article 315 du Code de commerce désigne-t-il spécialement toutes les choses qui peuvent faire l'objet du contrat à la grosse.

Cet article, en effet, dispose : « les emprunts à la grosse peuvent être affectés,

« *Sur le corps et quille du navire,*

« *Sur les agrès et apparaux* (c'est-à-dire les mâts, voiles, cordages, vergues, poulies et autres ustensiles du navire),

« *Sur l'armement* (ce qui comprend les canons, armes, munitions de guerre),

« *Sur les victuailles* (ou provisions de bouche),

« *Sur le chargement* (ce qui comprend toutes les marchandises dont est formée la cargaison du navire),

« *Sur la totalité de ces objets conjointement ou sur une partie déterminée de chacun d'eux.* »

L'objet du contrat à la grosse indique effectivement assez que les navires sont au premier rang des choses sur lesquelles on peut emprunter.

Nous venons de dire qu'on peut emprunter tout à la fois et conjointe-sur le *corps* et *quille* du navire et sur le *chargement,* c'est ce qu'on appelle emprunter sur *corps* et *facultés.* Dans le langage de la loi du commerce, le mot *corps* signifie le navire qui contient les marchandises et le mot *facultés* les marchandises contenues.

En thèse générale et à moins que le contraire ne résulte de la convention ou des circonstances, le prêt sur *corps* et *quille* n'affecte que les agrès, les apparaux, armement et victuailles.

Cette affectation produit au profit du prêteur un privilége, lequel n'a lieu évidemment que sur l'objet et dans la proportion et la quotité affectée à l'emprunt. (Art. 320). La validité de ce privilége est soumise à l'enregistrement du contrat au greffe du tribunal de commerce dans les dix jours de sa date ; mais par l'article 312 la perte du privilége étant seule attachée à l'omission de cette formalité, on en induit sûrement qu'il n'est point indispensable à l'existence de notre contrat.

Nous avons déjà dit plus haut que le prêt à la grosse n'était pas permis sur des choses non existantes, sur des produits futurs et incertains. Ainsi l'on ne peut emprunter sur le *fret à faire* ni sur le *profit espéré des marchandises.*

En cas de contravention à ces règles, le prêteur qui doit s'imputer d'avoir violé la prohibition n'a droit qu'au remboursement de ce qu'il a donné, sans pouvoir exiger même l'intérêt ordinaire du commerce, si ce n'est du jour de la demande en justice ; si c'est l'emprunteur il est tenu de rendre la somme prêtée, même en cas de sinistre. (Art. 318).

Par la raison qu'on ne peut emprunter que sur les choses qu'on a lors du contrat, l'article 319 déclare que « nul prêt à la grosse ne peut être fait aux gens de mer sur leurs loyers ou part de voyage. » D'ailleurs si les marins eussent touché, par avance, le produit de leurs peines, ils n'auraient plus apporté à leurs devoirs même zèle et même ardeur.

Il ne suffit pas non plus que les objets sur lesquels on emprunte à la grosse existent et soient susceptibles d'être affectés à cette sorte de prêt, l'article 316 exige encore que leur valeur soit égale à la somme ou valeur prêtée, autrement la nature de la convention serait changée : car il est de principe que ce contrat ne peut être pour l'emprunteur un moyen de gagner, mais seulement d'éviter une perte. En cas de contravention, dans cette hypothèse, les effets du contrat sont différents, suivant que l'emprunteur est de bonne ou de mauvaise foi.

Si l'emprunteur est de bonne foi, c'est-à-dire s'il n'a pas eu la volonté d'emprunter au-delà de la valeur des objets sur lesquels on lui prêtait, le contrat est valable et subsiste jusqu'à concurrence de la valeur des effets affectés à l'emprunt, d'après l'estimation qui en est faite ou convenue ; pour l'excédant on appliquera les règles ordinaires des simples prêts. — Si, au contraire, l'emprunteur est de mauvaise foi, les choses alors se passent autrement ; car s'il est prouvé que l'emprunteur savait qu'on lui prêtait une somme excédant la valeur des objets sur lesquels il emprunte, le contrat peut être déclaré nul. Le prêteur seul est admis à demander la nullité ; d'où cette alternative toute à son avantage : ou il y a sinistre et alors il exerce l'action résolutoire qui amènera le remboursement de son capital, ou la navigation a été heureuse et dans ce cas il laisse produire au contrat ses légitimes effets, c'est-à-dire qu'il réclame le capital et le profit maritime.

Nous voyons par là que c'est au prêteur à établir et à faire la preuve de la fraude, s'il veut faire prononcer la nullité du prêt ; car il peut néanmoins exécuter ce contrat, s'il y trouve ses intérêts. L'emprunteur ne peut s'y opposer, ni argumenter de sa fraude pour, de son côté, en solliciter la dissolution ; il ne peut se faire un moyen de sa propre turpitude.

§ III.

Risques maritimes.

Il est de l'essence du contrat à la grosse, que le prêteur coure les chances de la perte ou des avaries qu'éprouveront les choses affectées. Un prêt dans lequel le prêteur stipulerait cet affranchissement, ne serait plus un prêt à la grosse, il n'aurait que les effets d'un prêt ordinaire.

Les risques ont paru si essentiels à certains auteurs, qu'ils ont pensé que le prêt à la grosse ne devenait réel et définitif qu'au moment où commençait le danger.

Les risques dont répond le prêteur sont tous les *cas fortuits maritimes* par l'effet desquels les objets affectés à l'emprunt sont perdus ou détériorés. Ces accidents doivent arriver sur mer : les risques de terre ne sont point et ne peuvent être à sa charge. Si donc les marchandises, une fois déchargées à terre sont pillées, incendiées, le prêteur n'en répond pas.

Le prêteur, avons-nous dit, se charge des *cas fortuits ou de force majeure,* en un mot de tous les événements, de toutes les forces supérieures à la volonté humaine qu'il n'était pas permis de prévenir ou de surmonter ; ainsi : « la tempête, le naufrage, l'échouement, le jet, l'abordage dont l'auteur est inconnu, le feu, la prise, le pillage, l'arrêt par ordre de puissance, les suites d'une déclaration de guerre et représailles, » (Art. 350), sont des événements dont un prêteur à la grosse court les risques.

Mais ce n'est qu'autant qu'ils ne proviennent pas d'une faute ou d'une imprudence personnelle à l'emprunteur ou à ceux dont il doit supporter les fautes.

Pour écarter tout doute sur cette matière, le législateur, comme l'article 350 ne parlant que des assurances, n'est pas textuellement exprimé pour les contrats à la grosse, le législateur, dis-je, a cru devoir établir à ce dernier titre la disposition de l'article 326 : « Les déchets, diminutions et pertes qui arrivent par le vice propre de la chose et les dommages causés par le fait de l'emprunteur ne soit point à la charge du prêteur. »

Ainsi la tendance et la propension des liquides étant de s'épancher au dehors ou de s'aigrir dans les fûts, le prêteur ne sera pas tenu de ces vices naturels bien qu'ils aient pu se développer par la fatigue de la navigation. Même solution, si des futailles de vin ou des jarres d'huile ont coulé à la suite de déplacements maladroits ou par manque de soins.

La durée des risques est ordinairement déterminée par le contrat. Dans le silence des parties, l'article 328 lève les incertitudes.

Cet article dit en effet, s'il n'est rien stipulé les risques sont supportées par le prêteur, savoir :

1° A l'égard du navire, du jour où il fait voile jusqu'au jour où il est ancré et amarré au port ou lieu de sa destination ;

2° A l'égard des marchandises, du jour où elles ont été chargées dans le navire ou dans les gabares pour être portées au navire, jusqu'au jour où elles sont délivrées à terre c'est-à-dire sur le quai.

Les clauses de la convention intervenue entre les parties, doivent être rigoureusement exécutées ; si elles étaient enfreintes par l'emprunteur, le prêteur ne serait plus obligé de supporter les risques. Si le navire entreprend un voyage autre que celui convenu, si les marchandises sont chargées sur un navire autre que celui désigné, sauf un cas légalement constaté de force majeure, les effets du contrat à la grosse sont remplacés par ceux du prêt ordinaire.

§ IV.

Profit maritime.

C'est aussi une des conditions essentielles du contrat à la grosse qu'il y soit stipulé un *profit maritime*.

Le profit maritime, que l'on nomme encore *change nautique* et *profit aventureux* est la prime allouée au prêteur, en compensation des risques auxquels il se soumet.

Ordinairement le profit maritime consiste en une somme d'argent, mais rien n'empêche qu'il ne consiste en autres valeurs et même en un intérêt sur le navire.

Le prêteur ne fait rien d'injuste, rien d'illicite en stipulant, pour le cas d'heureuse arrivée, un profit supérieur à l'intérêt fixé par la loi dans les prêts ordinaires ; car les chances étant nécessairement incertaines, la plus grande latitude a dû être accordée aux parties : aussi a-t-on vu des taux extraordinaires, 100 p. %, c'est-à-dire un intérêt égal au capital. Le *quantum* de la prime varie dans l'usage de 12 à 30 p. %, de la somme avancée.

A Rome dans l'origine, le taux du *nauticum fœnus* était illimité, Justinien le fixa à 12 p. %.

Ce profit peut consister soit en une somme fixe pour toute l'expédition, quelle que soit sa durée, soit en une certaine somme par mois. Il n'est point contraire aux principes du contrat à la grosse que les parties stipulent que le profit maritime sera variable, c'est-à-dire croissant ou décroissant, par exemple selon la durée du voyage ; mais le change une fois stipulé reste absolu et invariable, nonobstant tout événement ultérieur tel qu'une déclaration de guerre intervenue après le départ du navire ; le prêteur en effet a dû compter sur cette chance d'augmentation de risques.

Mais à l'inverse, dès le moment que le prêteur a commencé à courir les risques, le profit maritime lui est dû en entier, malgré la rupture du voyage entrepris ou quoique le risque ait cessé avant le temps stipulé. Si le péril augmente ou diminue pour le prêteur ou l'emprunteur, on ne doit l'imputer qu'au hasard.

FORMES DU CONTRAT.

Nous arrivons maintenant aux formes dont le contrat à la grosse doit être revêtu. Pour plus de clarté, nous traiterons dans deux paragraphes distincts : 1° les formes *extrinsèques* ; 2° les formes *intrinsèques* de ce contrat.

§ I.

Formes intrinsèques.

Pour que le prêt à la grosse soit valable, il faut, outre le consentement des parties qui est l'essence de tous les contrats, leur capacité ; il suit de là que le mineur, la femme mariée ne peuvent y souscrire sans se faire relever de leur incapacité, le contrat à la grosse étant rangé parmi les actes de commerce. L'article 311 dispose : « Le contrat à la grosse est fait devant notaire ou sous signature privée. »

Ainsi la loi exige un acte écrit, privé ou authentique. De là est née la question de savoir si l'écriture formait la seule preuve possible ou s'il existait d'autres moyens de preuve de ce contrat.

Cette difficulté qui a divisé les auteurs anciens, sépare encore la doctrine moderne.

L'opinion qui parait la plus modérée et la plus sage admet entre les parties contractantes les modes de preuve autres que l'écriture, mais elle les repousse à l'égard des tiers.

Le législateur dans l'article 313 admet la négociation, par la voie de l'endossement, du billet de grosse s'il est à ordre, en y attachant les mêmes effets et actions en garantie que ceux qui accompagnent les autres effets de commerce. Ainsi, si l'emprunteur devenu tiré, ne remplit point ses obligations soit parceque la navigation a été malheureuse, soit pour toute autre cause, le cessionnaire devra recourir contre le cédant tireur, il devra exiger le paiement au jour indiqué ou protester le lendemain. Bien entendu, le cédant appelé en garantie, ne répond que du capital prêté à la grosse et non du profit maritime; il ne serait pas juste en effet que l'endosseur fut appelé à donner ce qu'il n'a point reçu.

Dans quelque forme que soit rédigé l'acte de prêt à la grosse, car la loi ne distingue pas, il faut qu'il soit enregistré dans les dix jours de sa date au greffe du tribunal de commerce. Cette mesure est fondée sur l'intérêt des tiers ; elle a pour but d'empêcher qu'on ne soit trompé en prêtant sur des objets déjà affectés à un prêt et qu'un commerçant de mauvaise foi, à la veille de faire faillite, ne souscrive des emprunts à la grosse antidatés, au profit de personnes supposées.

La nature et le but de ces précautions apprennent suffisamment que loin d'annuler le contrat, l'inobservation de ces formalités ne ferait aucun obstacle à l'action personnelle que le prêteur exercerait contre l'emprunteur.

§ II.

Formes intrinsèques.

———

Le contrat à la grosse doit énoncer :

1° Le capital prêté et la somme convenue pour le profit maritime;

2° Les objets sur lesquels le prêt est affecté ;

3° Les noms du navire et du capitaine ;

4° Ceux du prêteur et de l'emprunteur;

5° Si le prêt a lieu pour un voyage, pour quel voyage, pour quel temps ;

6° L'époque du remboursement.

Le Code de commerce ne prononce pas formellement la peine de nullité contre l'acte qui ne contiendrait pas toutes les énonciations qu'il prescrit. Aussi est-il vrai que toute omission ne l'annule pas, mais seulement celles qui détruisent l'acte dans son essence ou qui en empêchent l'exécution.

Revenons maintenant sur chacune des énonciations que nous venons d'indiquer.

1° Nous savons qu'on peut prêter à la grosse non-seulement une somme d'argent, mais encore toutes sortes de choses fongibles. La nécessité d'énoncer *soit la somme prêtée, soit la valeur des choses livrées à l'emprunteur* est évidente ; car dans ce dernier cas, ce n'est pas des choses prêtées qu'il se rend débiteur, mais de leur estimation convenue. — L'énonciation du *profit maritime* n'est pas moins nécessaire pour que le contrat soit un prêt à la grosse. Si quelqu'un prêtait, sans aucun intérêt, une somme d'argent à un armateur pour un certain voyage, avec la clause que celui-ci ne serait pas tenu de la rendre en cas de perte de son navire par quelque accident de force majeure, ce ne serait qu'un prêt ordinaire, avec donation du capital en cas d'événement prévu et cet acte serait réglé par les principes du droit commun ;

2° Il est encore indispensable que les objets sur lesquels le prêt à la grosse est affecté soient énoncés dans l'acte. En effet, comme le prêteur n'a droit à exiger son capital et à demander le profit maritime, qu'autant que les objets affectés au prêt arrivent heureusement, ou dans la proportion de ce qu'il en reste, il faut bien pour que le contrat puisse avoir ses effets, que ces objets soient connus.

Cette énonciation est d'ailleurs nécessaire, afin qu'on puisse discerner si ces objets ne sont pas d'une valeur inférieure à la somme prêtée et appliquer, s'il y a lieu, les dispositions des articles 316 et 317 du Code de commerce ;

3° On doit aussi énoncer dans l'acte les noms *du navire et du capitaine.* Lorsque le prêt à la grosse est fait sur le navire même, la nécessité de le désigner, se confond avec celle de désigner la chose sur laquelle on emprunte. Par exemple, si je prête sur le corps et quille de tel navire, par cela même le nom du navire se trouve indiqué.

Le plus sûr moyen d'en fixer l'identité et de prévenir l'erreur et la fraude, c'est de désigner le navire par son nom et sa qualité. Nous disons son nom et sa qualité, car il peut exister des navires portant le même nom.

La loi veut encore le nom du *capitaine* dans le contrat à la grosse. Cette indication est un moyen de plus de désigner le navire et un motif de sécurité et de confiance pour le prêteur. Celui-ci prêtera sur un navire commandé par tel capitaine, qui ne prêtera pas sur un navire commandé par un tel autre.

Du reste, dans le cas d'omission du nom du navire ou du capitaine, le prêteur serait présumé avoir laissé à l'emprunteur le droit de choisir celui que bon lui semblerait et même de le changer;

4° Le législateur exige que le prêt à la grosse contienne les noms *du prêteur et de l'emprunteur.* Cette règle est parfaitement juste : il n'est point d'acte qui puisse avoir son effet, si l'on ignore entre quelles parties il est passé ; car, sans cela, il n'imposerait d'obligations et ne donnerait de droits à personne;

5° L'article 311 veut aussi que l'on énonce dans l'acte de grosse, *si le prêt a lieu pour un voyage, pour quel voyage et pour quel temps.* Le prêteur peut en effet se soumettre aux risques d'un voyage entier, il lui est également permis de ne se soumettre aux risques que pour l'aller ou pour le retour ; il peut se régler sur la durée de certain voyage et prêter pour un temps déterminé, ainsi faut-il que l'acte apprenne à laquelle de ces conventions possibles, les parties ont entendu se soumettre.

Si cependant le contrat à la grosse ne s'expliquait pas suffisamment sur les conventions des parties, il faudrait les interpréter selon l'usage du lieu ;

6° La fixation de la durée du prêt, ne dispense pas d'indiquer *l'époque du remboursement* : il n'y a pas de liaison nécessaire entre ces deux choses.

Mais si l'époque du remboursement n'est pas désignée dans le contrat à la grosse, le prêteur pourra exiger le capital et le profit maritime qui lui sont acquis, le temps des risques étant passé.

DROIT ADMINISTRATIF

DE LA SÉPARATION DES POUVOIRS ADMINISTRATIF

ET ECCLÉSIASTIQUE

L'Église et l'État présentent quant à leur organisation une grande analogie ; dans l'une comme dans l'autre se trouvent des lois et des agents de l'autorité qui sont chargés de les appliquer. Quoique ces lois aient des caractères différents, cependant comme elles découlent d'une source commune, qu'elles s'adressent aux mêmes personnes, qu'en agissant les unes sur l'âme, les autres sur le corps elles embrassent l'homme tout entier, il est souvent arrivé qu'on s'est efforcé de réunir dans les mêmes mains l'autorité spirituelle et l'autorité temporelle.

En effet, les rapports de l'Église et de l'État au point de vue religieux, ont été combinés de quatre manières différentes :

1º Une religion de l'État avec exclusion de toute autre ;

2º Séparer complétement l'Église de l'État, ne pas avoir de religion officielle, n'exclure aucune secte et protéger la liberté religieuse des citoyens à quelque culte qu'ils appartiennent;

3º Établir une religion de l'État, en laissant une liberté plus ou moins complète aux autres cultes ;

4⁰ Répudier toute religion officielle et reconnaître différents cultes en les protégeant et les subventionnant avec impartialité. C'est le système en vigueur en France.

La religion catholique n'est plus que la religion de la majorité ; elle est protégée au même titre que les autres cultes reconnus et si le catholicisme a obtenu, il est vrai, des préférences de fait, c'est la conséquence presque inévitable de ce qu'il est la religion de la majorité.

D'après l'ensemble de notre législation, les rapports de l'État avec les cultes sont régis par les principes suivants :

1⁰ Indépendance politique de l'État ;
2⁰ Indépendance civile de l'État ;
3⁰ Liberté de la conscience individuelle ;
4⁰ Égalité de protection ;
5⁰ Droit de surveillance de l'exercice des cultes.

Indépendance politique de l'État.

Vis-à-vis des dépositaires de la puissance spirituelle, vis-à-vis du Chef du catholicisme qui seul pourrait porter ombrage, indépendance politique absolue de l'État, tel est le célèbre principe.

L'Église catholique au moyen âge aspirait à dominer le pouvoir temporel et à placer le Pape représentant du pouvoir spirituel à la tête de la société civile. C'était là un système purement politique, indépendant du principe même du christianisme et qui pouvait, comme tout autre de la même nature, réussir dans des circonstances données, mais qui devait aussi cesser d'être applicable lorsque ces circonstances seraient changées.

Faible et persécutée, l'Église naissante n'était occupée que d'assurer son existence. Plus tard, quand les princes protégèrent sa foi, elle laissa son libre cours à leur action bienfaisante sans réclamer contre leur utile intervention dans les affaires ecclésiastiques. Mais avec le temps, la doctrine de la suprématie du spirituel sur le temporel devint le fondement de la politique pontificale. La papauté n'avait d'abord paru dans les mouvements des peuples qu'avec le caractère d'une puissance accessoire, elle ne tarda

pas à paraître dans la politique européenne, comme une puissance principale, avec des projets grandioses et des armes d'un effet irrésistible sur les
consciences religieuses de cette époque.

Le pouvoir temporel ne tarda pas à se roidir contre ces usurpations et
alors fut posée la question encore discutée de la distinction du pouvoir
temporel et du pouvoir spirituel.

Grégoire VII soutint que tous les royaumes dépendaient de l'Église
romaine et que les princes excommuniés pouvaient être déposés. Cette doctrine fut érigée par Boniface VIII dans la bulle *unam sanctam,* en dogme
qu'il fallait croire sous peine de salut.

Cette doctrine ne fut pas reçue en France ; personne n'ignore la lutte
qui s'établit entre Philippe-le-Bel et le Pape, ni le triste dénouement qui
la termina. La résistance avait commencé bien avant cette époque et
Louis IX, le roi saint, passe pour un des plus fermes défenseurs des pré-
rogatives royales et des libertés gallicanes.

Plus tard, dans les temps modernes, à la suite de discussions qui s'éle-
vèrent entre la cour de Rome et Louis XIV, Bossuet inspira à ce dernier
la célèbre déclaration de 1682 dont l'article 1 est ainsi conçu : « La puissance civile n'est soumise à aucune puissance ecclésiastique en ce qui
concerne les choses temporelles. » Louis XIV donna à ces paroles le sceau
de sa sanction royale, il rendit ensuite cette déclaration loi de l'État par
l'édit du 23 mars 1682 et défendit tout enseignement oral ou écrit qui lui
serait contraire. Depuis, ce principe a toujours été maintenu et un décret
du 25 février 1810 a déclaré qu'à l'avenir l'édit du 23 mars 1682 serait
observé comme loi générale de l'État.

Ainsi, la puissance temporelle se meut librement dans sa sphère, sans
aucune subordination directe ou indirecte à l'égard de la puissance spirituelle dont le domaine est essentiellement différent. L'État peut changer ou
modifier ses lois, ses institutions, les chefs spirituels n'ont aucun droit de
s'y opposer. Les souverains ne sont en rien soumis au jugement de
l'Église, ils agissent sous la seule responsabilité envers ceux qu'ils gouver-
nent, en conséquence le Pape ne saurait comme au moyen âge ni les
investir ni les déposer.

En outre, en vertu du même principe, la nation est maîtresse absolue de
ses destinées temporelles. Quelque forme de gouvernement qu'il lui plaise
de se donner, elle le peut sans avoir à déférer aux ordres ou avis de la

puissance spirituelle qui n'a nullement le droit de s'y opposer. A leur tour, les représentants de l'autorité civile ne s'immisceront point dans l'ordre spirituel, ils n'ont point qualité pour s'occuper des choses de la religion.

Indépendance civile de l'Etat.

L'indépendance civile de l'État consiste en ce que l'état civil des Français est indépendant de leur croyance religieuse et qu'aucune incapacité comme aussi aucune prérogative d'ordre politique ou civil, n'est attachée à la profession de tel ou tel culte.

Autrefois c'était exclusivement aux membres du clergé catholique qu'étaient confiées la rédaction et la conservation des actes de l'état civil, c'est-à-dire les actes qui constatent les naissances, les mariages et les décès. Aujourd'hui au contraire c'est la mairie, c'est à la maison commune que ces mêmes actes sont rédigés et conservés.

Cette réforme n'a été pleinement obtenue que par la loi du 20 septembre 1792 qui substitua les municipalités au clergé catholique pour la constatation de l'état civil et par le Code Napoléon qui a maintenu cette grande mesure.

A plus d'un titre cette réforme était nécessaire, indispensable, non-seulement elle a simplifié et régularisé un important service administratif, mais elle est encore et surtout le résultat de l'application d'un principe de juste égalité.

Chacun aujourd'hui a son état civil dressé, quelque soit le culte auquel il appartienne. Par voie de conséquence, plus de distinctions fondées sur la religion, sur les croyances, plus d'injustes exclusions. Tous les citoyens, catholiques ou non, peuvent exercer les emplois à la seule condition de fournir des garanties d'aptitude et de moralité.

Nous devons dire aussi que grâce à cette centralisation heureuse, les recherches sont devenues plus faciles, les constatations ont été plus régulièrement faites et mieux conservées.

Liberté de la conscience individuelle.

La liberté de la conscience individuelle consiste en ce que personne n'a le droit de rechercher quelles sont vos croyances religieuses.

Chacun connaît les guerres civiles et les persécutions qui ont désolé le XVIᵉ et le XVIIᵉ siècle. Le souvenir de ces temps malheureux était encore présent aux esprits, lorsque l'Assemblée constituante consacra par l'article 10 de la déclaration des droits de l'homme (3 septembre 1791), ce grand et glorieux principe : « Nul ne doit être inquiété pour ses opinions religieuses, pourvu que leur manifestation ne trouble pas l'ordre public établi par les lois. »

Ainsi aujourd'hui la liberté de conscience existe entière et illimitée ; c'est un droit inhérent à la nature humaine, que la loi civile ne peut chercher à restreindre sans tyrannie et sans absurdité, car le pouvoir dont l'action se résout toujours dans un acte de contrainte ne peut rien sur la pensée. On peut régler les actions de l'homme, mais on n'administre pas ses croyances. Tous, catholiques, athées, protestants, israélites sont libres de croire ou de penser ce que bon leur semble : nul n'a le droit de leur en demander compte.

La liberté religieuse peut être considérée à un double point de vue : *la conscience et le culte*. Tant que l'on demeure dans le for intérieur ou que même on ne dépasse pas les limites de la profession et du culte individuels, la liberté religieuse n'est bornée que par les préceptes de la morale.

Ainsi, vous irez dans les temples adorer la divinité ou bien vous n'irez jamais ; vous vous livrerez chez vous aux exercices pieux les plus naturels ou les plus ridicules, cela ne regarde personne.

Il est évident qu'on ne peut accorder au culte extérieur la même latitude. Comme il suppose des réunions publiques, sa liberté a été subordonnée aux lois sur les réunions et associations, mais ce n'est que dans le seul cas où vous voudrez exercer publiquement un culte que vous devrez vous soumettre à la formalité d'une autorisation préalable et à la surveillance administrative ; d'ailleurs les restrictions dont il s'agit ici limitent plutôt le droit de *réunion* et *d'association* que le droit de professer un culte.

En conséquence, liberté absolue de conscience, tel est le principe consacré en France. Le règne de l'intolérance est définitivement passé et nous pouvons, sans présomption, affirmer que jamais les lois n'obligeront les citoyens à professer une croyance ou à faire acte d'orthodoxie.

Egalité de protection.

———

Non-seulement la loi reconnaît la liberté des cultes, mais encore elle la protège soit dans la personne de ses ministres, soit dans le respect dû aux choses saintes, soit dans les exercices pieux et cela pour chacun des cultes reconnus.

Les articles 260 et 261 du Code pénal punissent l'atteinte portée au libre exercice des pratiques religieuses. L'article 262 du même Code frappe de peines particulières les outrages commis envers les ministres des cultes à raison de leurs fonctions et de leurs qualités ainsi que la violation des objets religieux.

La liberté des cultes pour n'être pas un vain mot avait en effet besoin d'un corollaire indispensable, celui d'une protection impartiale de la part de l'autorité.

Nous croyons que la vérité religieuse, source de tant de contestations et d'ardentes disputes, ne doit être de la part d'un gouvernement civil l'objet ni de ses faveurs, ni de ses attaques. La religion ne peut que gagner à être dégagée des passions terrestres ; c'est le mélange hétérogène de l'autorité spirituelle avec l'autorité temporelle qui a donné à la plus détestable des passions, au fanatisme, les plus nombreuses et les plus terribles occasions de déchaîner ses fureurs.

Est-ce à dire que l'autorité civile soit indifférente à la vérité en matière de religion ? Assurément non. — Mais un état ne saurait, sans graves dangers pour lui, proclamer une inégalité blessante entre les adhérents aux divers cultes, accorder un traitement à l'un, refuser de subventionner les autres, ni favoriser ouvertement la propagation exclusive d'un culte. Du reste, bien triste serait la religion qui aurait besoin d'un tel appui et qui, pour vaincre ses rivales désespèrerait de la persuasion et ferait appel à la force. Les religions ont plus à craindre de l'engourdissement qui suit d'ordinaire une possession paisible et incontestée que des sectes coexistantes. D'ailleurs l'Etat est-il le gardien de l'unité religieuse et de la pureté des dogmes ? Entre les différents cultes, la loi garde au point de vue du droit, une impartialité qui a été mal exprimée par cette phrase tristement célèbre : « *La loi est athée.* » Attitude respectueuse mais neutre de l'Etat devant les divers cultes, tel est le véritable sens de ces mots et nous devons faire remarquer que cette égalité de protection n'est pas une faculté mais un devoir pour l'autorité civile et un droit pour chacun des cultes reconnus.

Droit de surveillance des cultes publics.

Lorsque la religion se manifeste au dehors par les cérémonies publiques et tend à se propager par la prédication, l'autorité civile intervient pour protéger l'exercice légitime du droit comme aussi pour réprimer les abus auxquels il pourrait servir d'occasion ou de prétexte.

Les actes extérieurs publics sont éminemment du domaine de l'autorité civile, aussi l'État a-t-il le droit de juger les cérémonies religieuses au point de vue des nécessités de l'ordre et de la morale pour intervenir ensuite soit pour les défendre, soit pour les faire modifier si ces deux puissants intérêts l'exigent.

Le droit de surveillance de l'État va plus loin encore, il s'étend aussi à tous les actes accomplis par les ministres des cultes dans l'exercice de leurs fonctions. On peut dire que notre législation a créé la liberté absolue de conscience, mais qu'elle n'a pas admis la liberté illimitée de l'exercice public des cultes.

En effet, nous avons vu que la loi punit ceux qui apportent des entraves à l'exercice des cultes autorisés, ceux qui outragent les objets religieux ou les ministres des cultes dans l'exercice de leurs fonctions. D'un autre côté, la loi inflige des peines aux ministres des cultes, qui, par des discours prononcés dans l'exercice de leur ministère et en assemblée publique ou par des écrits contenant des instructions pastorales, critiquent ou censurent les actes du gouvernement ou de l'autorité publique, provoquent à la désobéissance aux lois ou aux autres actes de l'autorité et tendent à soulever ou à armer une partie des citoyens contre les autres. Ce droit est réglementé et sanctionné par les articles 199 et suivants du Code pénal. Ces dispositions sont même applicables aux critiques relatives à la conduite du gouvernement dans les affaires religieuses ; il n'appartient pas en effet au prêtre de censurer l'autorité temporelle en faisant directement appel aux fidèles et les réclamations, quand il y a lieu d'en élever quelqu'une, doivent être traitées entre le gouvernement et les supérieurs. Si au lieu d'une simple censure ou critique, le ministre du culte avait provoqué à la désobéissance aux lois, les articles 202 et 203 prononcent une peine plus forte. La peine s'élève encore si les censures ou provocations à la désobéissance, au lieu d'être faites dans un discours, se trouvent dans une instruction pastorale.

Une autre conséquence du droit de surveillance, c'est la formalité de l'autorisation préalable administrative, indispensable pour constituer légalement toute assemblée de plus de vingt personnes réunies pour un but pieux et charitable. (Art. 291. Code pénal). Si l'assemblée a lieu sans cette autorisation, ou si même l'ayant obtenue, elle enfreint les conditions qui lui auront été imposées, l'article 292 déclare que l'assemblée peut être dissoute.

Nous devons maintenant indiquer les cultes dont l'exercice public est autorisé et que l'on désigne encore sous le nom de cultes reconnus par la loi.

Ils sont au nombre de quatre.

Pour la France continentale, ce sont . 1° Le culte catholique ; 2° le culte protestant (lequel se subdivise en Église réformées ou de Calvin — Église de la confession d'Augsbourg ou de Luther) ; 3° le culte israëlite.

4° Pour l'Algérie, le culte de la religion mahométane est exceptionnellement reconnu et publiquement exercé. La raison en est que sa suppression aurait apporté de nouveaux obstacles au travail déjà si difficile de la colonisation.

Les principes dont nous venons de voir l'origine et l'objet sont consacrés par le Code Napoléon et le Code pénal d'une part, la loi organique du 8 germinal an X et la Constitution de 1852 de l'autre.

Cette dernière dans son article 1er reconnaît, garantit et confirme les grands principes proclamés en 1789 sur les rapports de l'État avec les

7

cultes et dans son article 26 elle donne au Sénat conservateur le droit de s'opposer à la promulgation des lois qui seraient contraires ou porteraient atteinte à la liberté des cultes.

VU PAR NOUS, PROFESSEUR-DOYEN,
Président de la thèse,
Chevalier de la Légion d'honneur,

L. CABANTOUS.

.VU ET PERMIS D'IMPRIMER :
Le Recteur de l'Académie d'Aix,
Officier de la Légion d'honneur,

VIEILLE.

www.ingramcontent.com/pod-product-compliance
Lightning Source LLC
Chambersburg PA
CBHW050549210326
41520CB00012B/2777